NOTICE SUR LA VIE

DE

MONSEIGNEUR DE MORLHON

ÉVÊQUE DU PUY

ET

ORAISON FUNÈBRE

PRONONCÉE EN LA BASILIQUE-CATHÉDRALE DU PUY

LE 13 OCTOBRE 1862

Par M. l'abbé COUPE

Chanoine théologal

LE PUY

TYPOGRAPHIE ET LITHOGRAPHIE M.-P. MARCHESSOU.

1862

NOTICE SUR LA VIE

DE

MONSEIGNEUR DE MORLHON

ÉVÊQUE DU PUY

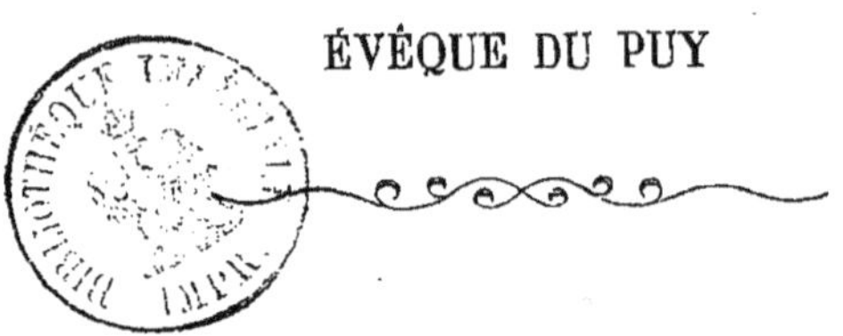

Mgr Joseph-Auguste-Victorin DE MORLHON, né
à Villefranche-de-Panat, département de l'Aveyron,
le 18 décembre 1799, était issu d'une des familles les
plus anciennes et les plus distinguées du Rouergue.

Entré fort jeune au séminaire de Rodez, il se
concilia tellement l'estime et l'affection de ses pro-
fesseurs, qu'on le chargea, quoiqu'il ne fût pas
encore prêtre, de remplir dans la maison de Bel-
mont, une des succursales du grand séminaire, la
chaire de théologie devenue vacante par la maladie
du titulaire.

Cet emploi ne devait pas manquer de difficultés
pour le jeune lévite qui se trouvait avoir pour élè-
ves des condisciples dont quelques-uns étaient plus
âgés que lui; mais il fit preuve d'une si grande
aptitude, que l'Autorité ecclésiastique n'eut qu'à
s'applaudir de son choix, quelque prématuré qu'il
eût pu d'abord paraître.

C'est sur ces entrefaites, que son oncle, Mgr De
Morlhon, fut nommé à l'archevêché d'Auch, qui
venait d'être rétabli.

Le Prélat, qui avait suivi avec une sollicitude pa-

ternelle les brillants débuts d'un neveu qu'il affec-
tionnait comme un fils, s'empressa de l'appeler
auprès de lui. Il lui conféra les ordres, et bientôt
après il le nomma chanoine de sa cathédrale et son
grand-vicaire, fonctions qu'il continua sous les
deux premiers successeurs de son illustre parent,
Son Eminence le cardinal d'Isoard et Mgr Lacroix
d'Azolette.

C'est dans cette position qu'il fut nommé, par
ordonnance royale du 5 décembre 1846, à l'évêché
du Puy.

Cette promotion fut pour le clergé et pour le
diocèse d'Auch le sujet d'un désappointement gé-
néral.

On s'était plu à espérer que le nom auquel on
avait voué tant de vénération dans la personne du
premier archevêque, revivrait dans celui qui s'en
était montré le si digne héritier.

La Providence en ordonnait autrement.

Ce ne fut pas sans de cuisants regrets que le
nouvel élu fut forcé de s'arracher à des sympathies
dont il reçut dans cette circonstance les témoi-
gnages les plus touchants de la part de tous les
rangs de la société, et particulièrement du clergé
qui lui avait voué avec une respectueuse estime la
plus cordiale affection.

Le 2 juillet 1847, Mgr de Morlhon prit possession
de l'Eglise du Puy. Ce qu'on savait déjà de sa piété,
de sa charité, de son talent pour la chaire, de son
expérience dans l'administration, tous ces heureux
précédents lui avaient gagné d'avance la confiance
générale. Elle ne tarda pas à être pleinement justi-
fiée lorsqu'on le vit à l'œuvre.

Pendant un épiscopat de seize ans, Mgr de Mor-

lhon a déployé des qualités si éminentes, un cœur
si noble, si généreux, qu'il ne peut être dignement
loué que par les larmes que sa perte a fait répandre.

On aime à se rappeler ces mandements, ces instructions pastorales d'une éloquence si douce, si
persuasive, et souvent d'une aussi haute élévation,
selon la nature du sujet. Sa parole, sans avoir besoin d'être étudiée, coulait avec une admirable fa-
cilité. Il en faisait un fréquent usage dans ses visites
pastorales, dans les cérémonies religieuses qu'il
avait occasion de présider, et toujours avec le plus
rare succès. Il est vrai que, pour s'inspirer, il n'a-
vait qu'à obéir aux élans de son cœur, le plus tendre, le plus aimant et surtout le plus pénétré des
vérités de la religion qu'il soit possible de ren-
contrer.

On savait que, pour remplir les divers devoirs de
sa charge pastorale, il avait continuellement à lut-
ter contre un état de santé qui aurait exigé des mé-
nagements, du repos, et qu'il forçait à obéir à tous
les mouvements du zèle le plus ardent et le plus
infatigable.

Sa charité pour les pauvres n'était pas moins intense. Sans énumérer le nombre et la quotité de ses
aumônes, les œuvres qu'il a fondées ou entretenues, il suffira de dire que sa fortune particulière
s'est absorbée en grande partie dans les bienfaits
qu'il n'a cessé de répandre.

A une vertu devant laquelle s'effacent ses autres
distinctions, il joignait une douceur, un esprit de
conciliation qui, dans les temps les plus difficiles,
lui valut le bonheur de conserver toujours la paix,
la bonne entente avec l'Autorité civile. Ausssi peut-

on dire qu'il a obtenu au plus haut degré l'estime
et l'amour universels. Ces sentiments se manifestè-
rent surtout à son retour du voyage de Rome, qu'il
voulut entreprendre avec la plupart de ses vénéra-
bles collègues, malgré un état de souffrance qui
inspirait les plus vives alarmes. Le bon Pasteur put
se convaincre plus que jamais de l'intérêt qu'il inspirait, non-seulement à la partie pieuse de son
troupeau, mais à ceux-là même qui pouvaient passer pour indifférents, sinon contraires à ses convic-
tions. Du reste, il en avait fait déjà une épreuve
plus significative encore que cette dernière démon-
stration.

La ville du Puy est bâtie en amphithéâtre sur les
flancs d'un rocher dont la cime s'élève à 132 mètres
au-dessus des plus bas quartiers. C'est sur cette
cime ardue, où l'on ne parvenait qu'avec les plus
grandes difficultés, par des rampes étroites, escar-
pées et comme suspendues sur des abîmes, que
Mgr de Morlhon avait conçu le hardi projet d'élever
en l'honneur de la sainte Vierge une statue colos-
sale de 16 mètres de hauteur, sur un piédestal qui
n'en aurait pas moins de 7, en tout, un monument
de 23 mètres d'élévation.

Cette idée, d'une réalisation qui paraissait impos-
sible, en tenant compte des difficultés des lieux et
de la dépense qu'elle devait entraîner, est aujour-
d'hui à l'état de fait accompli, grâce à l'empressement du clergé, des notables habitants de la cité et
du diocèse, aux secours sollicités et obtenus dans la
France entière et à l'Etranger, mais grâce surtout
à la courageuse initiative de l'Evêque, à ses sacrifices personnels, à son opiniâtre persévérance
quand, malgré toute l'étendue de ses efforts, il s'est

trouvé en butte à des épreuves dont sa douce constance a pu seule triompher.

Notre-Dame de France, car c'est le nom que le monument a reçu d'une commune voix, avant même d'être érigé, *Notre-Dame de France,* chef-d'œuvre d'art et de génie, s'élève sur sa base gigantesque, auguste trophée de la religion, de la munificence de l'Empereur, qui à ses dons particuliers a voulu joindre la matière fournie par les canons de Sébastopol, orgueil de la ville du Puy et souvenir éternel de son illustre Pasteur. C'est à l'époque où fut conçu le projet de cet impérissable monument (1) de sa piété, que Mgr de Morlhon fut nommé par Sa Majesté l'Empereur chevalier de la Légion-d'Honneur.

Il faut arriver maintenant à la fin si terrible et si imprévue de cette noble existence.

Monseigneur, beaucoup mieux portant depuis son retour de Rome, avait entrepris un petit voyage qui devait se terminer, à la rentrée dans son diocèse, par une visite pastorale dans la paroisse de Retournac, commune de l'arrondissement d'Yssingeaux. Il était accompagné de son frère, M. l'abbé de Morlhon, chanoine et vicaire-général, si digne à tous égards de l'amitié et de la confiance du Prélat, qu'il chérissait lui-même avec un dévoûment de fils.

Après avoir accompli son œuvre dans les journées du dimanche et du lundi, 5 et 6 octobre, il avait repris la route du Puy où il comptait arriver dans la soirée. Il était un peu souffrant, et M. l'abbé de Morlhon, qui suivait avec une sollicitude in-

(1) 28 septembre 1851.

quiète toutes les phases d'une santé si chère, n'avait
pu voir, sans s'en alarmer, les pieux excès auxquels
Monseigneur s'était livré au sein d'une population
à laquelle il avait prêché à l'église d'abord, puis en
plein air, pendant près d'une heure, avec une ani-
mation évidemment peu en harmonie avec ses
forces.

On était arrivé au village de Rosières, distant du
Puy de 20 kilomètres. Tout-à-coup Monseigneur est
saisi d'une défaillance ; sa tète se penche sur l'épaule
de son frère et il expire, victime et martyr d'un
suprême effort.

M. le Préfet, qui, dès la première annonce du fa-
tal événement, s'était hâté de se rendre à Rosières,
n'a pu que satisfaire sa douleur d'ami et prodiguer
ses consolations au frère si profondément ému de
la scène déchirante qui venait de se passer sous ses
yeux. Par les soins de M. l'abbé de Morlhon et de
M. l'abbé Alirol, secrétaire de l'Evêché, arrivé le premier à Rosières, le corps, placé dans un corbillard
envoyé du Puy, a été porté dans la ville avec une es-
corte d'honneur fournie par la gendarmerie et suivi
d'un grand nombre d'ecclésiastiques accourus sur
le théâtre de leur commune douleur.

Les dépouilles mortelles du saint Evêque, pré-
sentées à la Cathédrale, ont été transportées ensuite
dans le grand salon de l'Evêché, transformé en
chapelle ardente.

C'est là qu'au milieu des gémissements, des san-
glots de la population tout entière, il a reçu pendant plusieurs jours les derniers hommages dont il
était si digne, jusqu'au lundi 13 octobre qu'il a
été inhumé dans l'église du Séminaire, choisie par
lui-même dans son testament pour le lieu de sa

sépulture, avec tous les honneurs dus à sa dignité, sous la présidence de NN. SS. les Evêques de Mende et de Saint-Flour, et au milieu d'un concours d'ecclésiastiques, de fidèles de tout rang, réunis comme une famille orpheline pour pleurer le meilleur des pères.

ORAISON FUNÈBRE

DE

MGR Joseph-Auguste-Victorin DE MORLHON

ÉVÈQUE DU PUY

PRONONCÉE EN LA BASILIQUE-CATHÉDRALE DU PUY

LE 13 OCTOBRE 1862

Par M. l'abbé COUPE

Chanoine théologal

> *Justus autem, si morte præoccu-*
> *patus fuerit, in refrigerio erit.*
>
> Mais, quand le juste mourrait
> d'une mort précipitée, il se trouve-
> rait dans le repos.
>
> (LIV. DE LA SAGESSE, chap. IV, v. 7.)

MESSEIGNEURS (1),

MES FRÈRES,

Ce n'est point un éloge, une oraison funèbre que je
viens vous faire entendre, comme on pourrait le croire
de ma présence dans cette chaire, au milieu de ce lu-
gubre appareil. Pour un sujet si riche et si étendu, ce
ne serait pas seulement le temps, mais le talent et les
forces qui me feraient défaut.

Non, mes Frères, ma mission est plus modeste : je

(1) NN. SS. les Evêques de Mende et de Saint-Flour.

viens simplement, membre comme vous d'une famille
orpheline, mêler mes larmes aux vôtres, et en vous
entretenant de la perte d'un père si digne de nos regrets, vous communiquer, s'il est possible, et me don-
ner à moi-même la seule consolation qui puisse adou-
cir l'amertume de nos pleurs, celle qui naît de la confiance qu'une vie si sainte, si utilement employée,
aura été bénie dans le ciel, comme elle l'est sur la
terre, par cette voix universelle qu'on a appelée avec
tant de raison la voix de Dieu.

Laissez-moi, mes Frères, vous en retracer en peu de
mots quelques-uns des traits les plus propres à nourrir
dans nos cœurs cette confiance à la fois chrétienne et
filiale.

L'apôtre saint Paul, parvenu au terme de sa carrière,
s'encourageait lui-même dans la pensée du compte qu'il
allait être bientôt appelé à rendre à Dieu de sa labo-
rieuse mission, par le témoignage que lui rendait sa
conscience, qu'il avait dignement soutenu les combats
du Seigneur, gardé intact le dépôt de la foi. *Bonum
certamen certavi, fidem servavi.* Et, s'adressant, non
pas seulement à la miséricorde, mais à la justice de
son juge, il attendait fermement la couronne promise à
sa fidélité. *In reliquo reposita est mihi corona justitiæ
quam reddet mihi justus judex.*

Qu'importe qu'un coup subit n'ait pas permis à notre
saint Prélat de se rappeler à lui-même, à sa dernière
heure, tous les titres que son apostolat parmi nous pouvait lui offrir à la part réservée à ceux qui ont fait et
enseigné? Ne lui a-t-il pas suffi de les avoir mérités?
Ont-ils cessé d'être inscrits dans le livre du ciel, parce
qu'un suprême effort de zèle et de charité, en brisant
son existence, a ajouté à l'auréole du pasteur le mé-
rite de la victime?

Anges de la paroisse de Retournac, vous qui aviez envoyé jusqu'aux cieux vos chants de triomphe et d'allégresse, à la vue d'une multitude de pécheurs convertis à la voix de nos fervents missionnaires, vous aurez redit aussi dans les parvis éternels ces derniers accents par lesquels l'Evêque, apôtre et missionnaire, peu soucieux de ses forces et de sa santé, pourvu qu'il répandît son cœur, tenait suspendue à ses lèvres une foule qu'il voulait fortifier du pain de la divine parole avant de la laisser aux prises avec de nouvelles épreuves. Hélas! ce dernier effort devait lui coûter la vie. Mais qu'il a vaillamment combattu le soldat de Jésus-Christ enseveli dans son drapeau! Quel magnifique suaire la mort est venue lui faire, la mort qui, quelque rapide qu'elle soit, n'a pas de surprise pour le juste, qui ne pouvait pas en avoir pour l'Evêque toujours prêt à se dépenser pour la gloire de Dieu, l'honneur de l'Eglise et le salut de son peuple.

Ecartons donc toute inquiétude, tout doute sur une fin que, pour tout autre, nous pourrions appeler tragique, mais qui pour une âme si pure, si détachée des choses de la terre, une âme nourrie le jour même du pain des Saints, du viatique du salut, n'a pu être qu'un essor plus rapide vers la béatitude céleste.

Telle était, du reste, mes Frères, la disposition habituelle de notre saint Prélat. Jamais homme ne s'appartint moins à lui-même. Il suffisait qu'il eût le sentiment d'un ministère à remplir, d'une bonne œuvre à opérer, pour que toute considération d'intérêt personnel s'effaçât à ses yeux.

Combien de fois ne l'a-t-on pas vu, malgré toutes les remontrances de ceux qui, lui tenant de plus près, pouvaient avoir plus d'influence sur ses déterminations, malgré les prescriptions les plus formelles de ses médecins, braver la maladie, la souffrance, s'exposer à l'intempérie des saisons, au rude climat des montagnes, pour porter dans les paroisses les plus reculées, avec la consolation et la joie de sa présence, les bénédictions attachées à l'éminence de son caractère! Hélas! trop souvent l'indisposition du corps n'avait pu répondre à l'héroïsme de ses sentiments, et on fut obligé, dans plus d'une occasion, de l'arracher, défaillant et presque mourant, à des fonctions que sa seule préoccupation était d'être forcé d'interrompre.

Mais du moins le séjour dans ses foyers, une santé meilleure parvenaient-elles à lui procurer un peu de repos? Le repos, mes Frères, notre bon Evêque ne le connut jamais. Sa porte, toujours ouverte aux nombreux visiteurs qui ne cessaient de l'assiéger, laissait entrer indistinctement et ceux qui venaient lui parler d'affaires et ceux qui n'avaient d'autre motif que d'entretenir avec lui des rapports dont on ne pouvait assez louer l'exquise aménité, et puis les pauvres, ses meilleurs amis, dont nous aurons bientôt à parler. C'est au milieu de ces mille détails d'une représentation qui absorbait une partie notable de son temps, que l'homme de Dieu et de ses frères devait souvent, au prix de ses nuits, trouver la place de ses exercices de piété qu'il n'omettait jamais, quelles qu'eussent été les occupations de la journée, et se livrer aux soins d'une administration qui à eux seuls suffisent pour occuper une vie tout entière. Et cependant, la récréation, le loisir, un exercice modéré lui étaient commandés comme une condition indispensable à la prolongation de son existence. Il le sentait, il en convenait volontiers; mais affliger par un refus d'audience la moindre de ses brebis, mais faire attendre une consolation, un secours, ne pas répondre à une politesse, à une avance.... jamais son

cœur n'avait pu se résigner à ce genre de sacri-
fice.

« Je succomberai à la peine, disait-il quelquefois;
mais s'il convient à un Empereur de mourir debout, ne
convient-il pas mieux à un Evêque de mourir esclave
et victime de son devoir? » Cruelle prédiction qui ne
devait que trop se réaliser.

Voilà le soldat au combat, voilà le *bonum certamen*,
le combat vaillant, le combat soutenu jusqu'à la fin.

Bonum certamen certavi.

Si nous le considérons maintenant sous un autre
aspect, par rapport à la foi dont il a si dignement
conservé le précieux dépôt, *fidem servavi*, que n'au-
rions-nous pas à dire de son amour pour la personne
adorable de Notre-Seigneur, et pour l'Eglise qui en est
sur la terre la visible expression?

Je passe sous silence ces mandements, ces instructions
pastorales, si remplies de l'esprit de piété, de la douce
onction dont son cœur débordait.

Avec quelle sollicitude filiale ne suivait-il pas toutes
les phases des événements qui intéressaient l'indépen-
dance ou la sécurité du Souverain Pontife, de notre
immortel Pie IX? Quel zèle à lui procurer, avec les
prières de son clergé, de ses communautés religieuses,
de tous les fidèles de son Diocèse, les offrandes deman-
dées à leur charité. Et comme en fait de cotisations
volontaires, l'exemple est tout ce qu'il peut y avoir de
plus persuasif, quelle admirable prodigalité s'échappait
de ses mains pour augmenter le trésor de tous, jusqu'au
dernier épuisement de ses ressources?

Cependant la voix du Pontife Suprême vient de re-
tentir dans tout l'univers catholique. Pie IX appelle
autour de son trône tous les Evêques pour l'assister
dans un des actes les plus imposants et dans lequel se

révèle avec le plus de splendeur le pouvoir que le Seigneur a confié à son Eglise, jusques dans les choses du
Ciel, la canonisation des saints Martyrs japonais. A cet
appel, le cœur de l'Evêque du Puy a tressailli à l'unis-
son de ceux de ses dignes collègues, sur lesquels nos
regards aiment à se reposer avec un double sentiment
de vénération et de reconnaissance ; mais cette fois
encore la maladie semble opposer un obstacle insur-
montable à des désirs d'autant plus vifs qu'ils parais-
sent plus contrariés. On fait de vains efforts pour le
retenir. Sa résolution est prise : il faut qu'il aille à
Rome, qu'il porte sa part de consolations, de respectueuse sympathie au Vicaire de Jésus-Christ.

Confiant dans la Providence pour l'accomplissement
de ce qu'il regarde comme une impérieuse mission, il
part, pouvant dire avec saint Paul, qu'il ignore ce qui
l'attend dans son voyage, mais prêt à tout événement,
pourvu qu'il obéisse à la volonté du Ciel et aux inspi-
rations de sa conscience de fils et de prince de l'Eglise.

Dieu permit que nos appréhensions fussent vaines
et qu'elles se terminassent bientôt par la joie d'un
heureux retour.

Qu'il fut beau, mes Frères, ce jour où il nous fut donné
de revoir notre Père, le front rayonnant de bonheur, dans
ce même temple où il ne reste aujourd'hui de lui
qu'une froide dépouille ; de l'entendre, en échange des
félicitations que nous lui adressions par nos principaux
organes, Monsieur le Doyen du Chapitre et l'un de
Messieurs les Vicaires-généraux, nous exprimer avec
cette sensibilité, cet élan qui donnaient tant de charme
à sa parole, la joie qu'il éprouvait d'être rendu à ses
enfants, de leur apporter, pour prix de tant de vœux,
de tant de prières dont il avait été l'objet, les bénédictions qu'il venait de puiser à la source de toutes les

faveurs spirituelles, dans lo cœur du Vicaire de Jésus Christ. Qui nous l'eût dit alors.... Mais il faut que je poursuive la tâche que je me suis laissé imposer et que j'achève de crayonner la pâle esquisse que je vous ai promise, des vertus qui ont brillé avec plus d'éclat dans cette carrière trop tôt finie.

Il en est une, mes Frères, que l'Esprit-Saint lui-même nous représente comme la plus sûre garantie contre les incertitudes du salut : l'amour et le soin des pauvres.

Heureux, dit le Roi Prophète, heureux celui qui a l'intelligence des besoins de l'indigent : le Seigneur le délivrera dans les jours mauvais. *Beatus qui intelligit super egenum et pauperem, in die malá liberabit eum Dominus.*

Or, dire que Monseigneur posséda au plus haut degré cette compassion envers les malheureux, que ses mains furent toujours ouvertes pour les secourir, c'est répéter ce qui est dans toutes les bouches, ce que redisent, dans l'amertume de leurs regrets, dans leur inquiète sollicitude pour l'avenir, ceux qui trouvaient dans l'inépuisable trésor de sa charité le pain, le vêtement, et ces misères qui se cachent aux yeux du monde sous une apparente aisance.

Or, vous comprenez, mes Frères, tout ce qu'il était facile d'obtenir d'un homme pour qui l'argent n'était rien que par l'occasion de le répandre. Aussi, que ne savons-nous pas de ses bienfaits, malgré tout le secret dont il cherchait à les couvrir !

Des familles, dont il s'était fait le tributaire, et qu'il pensionnait à des époques réglées; des enfants placés dans des écoles, ces écoles elles-mêmes ne subsistant que par ses largesses; nos pauvres églises, recevant de sa munificence tantôt des fonds pour aider un curé au bout de ses ressources à embellir un autel, à se procurer un

vase sacré, quelquefois des ornements, dont il faisait
chaque année une large distribution. Partout, et sous
toutes les formes, ses secours allaient chercher tous les
besoins, toutes les détresses; partout sa compassion et
ses bienfaits étaient acquis à quiconque venait les im-
plorer.

Ce tendre sentiment qui, depuis longtemps, avait
confondu son nom avec celui de père des pauvres,
n'était pas seulement, dans notre admirable prélat, l'effet
d'une vertu qui compte avec raison parmi les plus saints
devoirs d'un Evêque, de précéder dans la charité ceux
qu'il doit précéder dans la pratique de toutes les prescriptions de la loi de Dieu. La Providence lui avait
donné un cœur si bon, si aimant, qu'il aurait résisté à
sa nature s'il s'était montré moins empressé à faire
tout le bien qui se présentait.

Que Monseigneur ait été bon, qu'il l'ait été jusqu'à
l'excès, c'est ce que proclament à l'envi, non-seulement la voix des pauvres, les diverses œuvres qu'il a
fondées ou entretenues, mais toutes les personnes qui ont
eu à traiter avec lui; celles avec lesquelles il n'a eu que
de simples rapports de bienséance, s'unissent dans une
commune expression pour l'appeler *le bon, l'excellent
Evêque.*

Quel mot a été le plus souvent répété dans la foule
qui, pendant ces jours de deuil, accourait avec tant
d'empressement lui porter le dernier tribut de ses regrets et de ses hommages? Comment commencent, comment finissent tous les éloges prodigués à sa mémoire?
Partout sa bonté est rappelée, exaltée, quand elle
n'est pas particulièrement bénie par ceux qui en ont
été l'objet. Et tout à l'heure, mes Frères, pourquoi y
a-t-il dans les yeux tant de larmes, tant de soupirs sur
les lèvres? Interrogez ceux qui se pressent dans ce saint

lieu et ceux qui stationnent au dehors. Ah! vous dira-
t-on de toutes parts, il était si bon, notre pauvre Evêque!

C'est que, mes Frères, il y a en effet dans la bonté,
lorsqu'elle se rencontre dans une haute position, quand
elle est unie à un beau caractère, un charme qui gagne
toutes les affections, qui fait tomber toutes les préven-
tions, qui va jusqu'à subjuguer la haine.

C'est à ce naturel heureux, perfectionné par la religion, qui l'avait élevé jusqu'aux hauteurs les plus su-
blimes de la charité, que Monseigneur a dû de ne pas
avoir un seul ennemi, de ne pas avoir entendu une
seule voix qui osât s'attaquer à sa personne. C'est ce
qui lui a valu d'entretenir toujours avec les représen-
tants du pouvoir, même dans les jours les plus mauvais, cette paix, cette bonne entente si désirable pour
le bien de la religion et de la société, entre le sacer-
doce et l'empire. C'est ce qui lui avait mérité dans tous
les rangs de l'administration cette estime, cette affection
qui, dans le premier magistrat du département, se sont
surtout manifestées par des traits dont le pays auquel
il s'est si dignement associé lui gardera le plus doux
comme le plus profond souvenir.

Mais c'est surtout avec son clergé qu'il fallait le voir
dépouiller tout ce que sa dignité pouvait imposer de
respect et de réserve, pour descendre à la familiarité
d'un frère, provoquant l'expansion, la gaîté par l'exemple qu'il en donnait lui-même.

Avec quel tendre intérêt il accueillait ceux qui venaient lui communiquer leurs peines, les difficultés de
leur position! Il s'affligeait avec eux, il recherchait avec
une sollicitude, une patience dont rien ne pouvait le
distraire, les moyens de les soulager, et presque toujours, son esprit fécond en ressources, son sens pratique
si droit, si éclairé lui en fournissaient l'occasion,

Qu'est-il besoin d'ajouter que tout était bien vite terminé, quand il ne s'agissait que d'un secours matériel ? Ah ! plût à Dieu, disait-il souvent, que toutes les questions pussent se résoudre par de l'argent! On sentait, en effet, qu'il lui eût été plus facile de se dépouiller que de se montrer sévère. Aussi cette pénible épreuve lui a-t-elle été épargnée. Il régnait avec trop d'empire, cet empire qui est le plus volontiers accepté, le seul peut-être irrésistible, celui de la douceur, de la bonté, pour qu'il se trouvât parmi ses prêtres une âme assez lâche pour l'affliger.

J'ai hâte, mes Frères, d'arriver au dernier motif de la consolation que je vous ai promise, à ce dernier fleuron de la couronne de notre saint Evêque, et dans le temps et dans l'éternité. Je veux parler du monument érigé par sa piété en l'honneur de l'auguste Reine des Cieux.

Certes, mes Frères, si, d'après le témoignage des Pères de l'Eglise, après l'assurance si positive que nous donne l'illustre S. Bernard, que ceux qui ont mis leur confiance dans Marie, qui se sont placés sous l'invincible égide de sa maternelle protection, arriveront infailliblement au port du salut; si l'illustre abbé de Clairvaux, oubliant pour son compte tant d'autres titres à la récompense céleste, va jusqu'à appeler cette confiance en Marie l'unique raison de son espérance, *hæc tota ratio spei meæ*, que ne devons-nous pas attendre pour notre Père, lui qui ne s'est pas contenté de l'invoquer, de la louer, de l'exalter dans toutes les circonstances qui se sont offertes pendant un épiscopat de seize ans, mais qui a voulu encore la glorifier, comme personne avant lui n'en avait conçu la pensée.

Qu'il y a loin, mes Frères, de cette première idée échappée à l'improvisation d'un célèbre prédicateur, de ce que nous appelions alors un rêve poétique traver-

sant un moment une pieuse imagination pour aller
bientôt se perdre dans l'oubli, à cette magnifique réalisation du chef-d'œuvre qui, sous le nom de Notre-Dame
de France, a fait de la ville du Puy comme la capitale
du culte de Marie, et qui perpétuera avec son nom,
celui de l'immortel ouvrier à qui il a été donné de l'entreprendre et de l'achever.

Je ne vous rappellerai pas, mes Frères, de quelles
tribulations, de quels sacrifices il a fallu que notre
Evêque payât cette gloire du Velay. L'histoire de l'œuvre
a été écrite ; elle est dans toutes les mains, et il est
inutile de rappeler ce que personne n'ignore. Enfin il
a pu voir le fruit de ses pénibles labeurs.

Elle est là cette douce et noble image, parlant à tous
les esprits, à tous les cœurs le langage que chacun se
plaît le plus à entendre : aux chrétiens, la paix, la miséricorde, le secours dans toutes les tribulations, toutes les douleurs; à l'artiste, au curieux, montrant avec
le site le plus gracieux, le plus pittoresque, le gran-
diose uni à la beauté la plus pure dans une pose,
des traits, un mouvement, une vie, qui semblent être
le dernier mot de la sculpture ; à l'orgueil national,
et qui oserait s'en dire tout-à-fait exempt, le canon de
l'ennemi conquis par la victoire et grâce à la munificence du Souverain, si bien fait pour apprécier les
grandes choses, passant des murs d'une ville conquise
dans les creusets du fondeur, pour devenir à la fois le
trophée de la religion et celui de nos armes.

O mes Frères, disons-le encore : qu'il y eut d'inspi-
ration dans ce cœur d'Evêque pour réunir dans la même
œuvre tant d'idées étonnées de se confondre, de s'uni-
fier dans une même fusion !

Et maintenant, mes Frères, pour revenir à notre idée
principale, Marie toujours si indulgente, si facile en-

vers les plus grands pécheurs, qui ont attendu l'heure de la dernière détresse pour lui adresser un soupir, Marie n'aurait pas tendu ses mains maternelles à un fils qui lui laisse sur la terre la plus haute expression de foi et d'amour qu'il soit possible à un cœur humain de concevoir? Non, non, mes Frères, gardons nous d'une pensée si contraire à ce que l'enseignement de l'Eglise, les monuments des âges, les faits les plus authentiques de l'histoire nous font un devoir de croire de celle que nous appelons notre refuge, notre espérance, notre vie. Mettons donc un terme à nos larmes. Ne cherchons plus notre père sous ces voiles funèbres, il n'est pas dans ces tristes débris de la mort. *Quid quæritis inter mortuos.* Il est au ciel avec le saint fondateur de notre Eglise, avec ceux de ses glorieux prédécesseurs dont il a égalé ou surpassé les travaux dans ce champ où il est venu à son tour ajouter à leurs sueurs, et qu'il aurait voulu féconder de son sang.

Saint Pontife! Père chéri autant que vénéré. pardonnez si, dans une tendresse peut-être trop humaine, nous nous sommes plutôt préoccupés du vide que vous nous laissez que de la félicité dont vous jouissez dans le lieu du rafraîchissement et du repos, l'unique but où tendaient, avec toutes les aspirations de votre cœur, les persévérants efforts de votre zèle et de vos sacrifices. Au lieu de pleurer une mort qui n'a été pour vous que le prélude de la résurrection et de la vie, que ne songeons-nous à préparer la nôtre, en composant à votre exemple le trésor de nos œuvres, pour vous retrouver un jour dans la céleste patrie!

Du haut du Ciel, où nous avons la confiance que vous êtes entré, continuez de veiller sur le troupeau que vous avez tant aimé. Obtenez pour les Pasteurs que vous reviviez dans chacun de nous par votre esprit et surtout par votre cœur.

Veillez aussi sur cette bonne ville du Puy, que vous avez trouvée dans toutes les circonstances si docile à votre voix, si empressée à seconder vos vœux, à prévenir même vos désirs dans la manifestation de sa foi, de son antique fidélité au culte de Marie et aux vieilles traditions de son histoire.

Veillez sur tout ce diocèse qui n'a en ce moment qu'une âme et une voix pour vous invoquer et vous bénir.

Ainsi puissions-nous ressentir les salutaires effets d'une affection qui, loin de nous avoir été ravie, ne doit être que plus intense et plus efficace, confondue qu'elle est avec l'éternelle charité.

Ainsi soit-il !!

LE PUY, TYP. ET LITH. MARCHESSOU.

12

www.ingramcontent.com/pod-product-compliance
Lightning Source LLC
Chambersburg PA
CBHW051419060726

47596CB00005B/2277